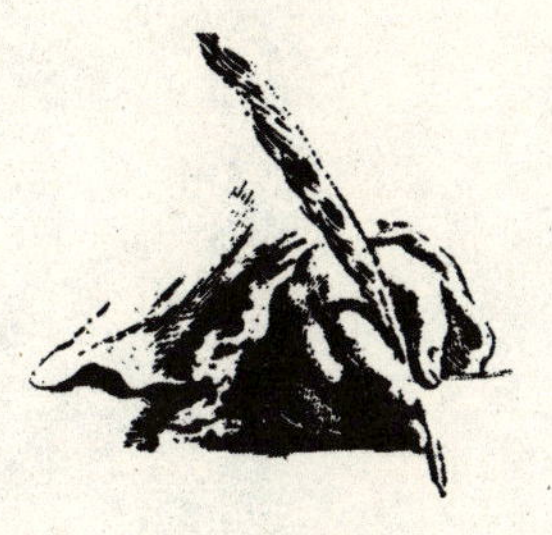

Marginales

*Nuevos textos sagrados*

Colección dirigida por
Antoni Marí

José Emilio Pacheco

# CIUDAD DE LA MEMORIA

## [POEMAS 1986-1989]

Diseño de la colección: Clotet-Tusquets
Ilustración de portada: © Alicia Sandoval
Fotografía del autor: © Rogelio Cuéllar Ramírez
Colección: Marginales
Serie: Nuevos textos sagrados


Bajo el sello editorial TUSQUETS M.R.
Avenida Presidente Masarik núm. 111,
Piso 2, Polanco V Sección, Miguel Hidalgo
C.P. 11560, Ciudad de México
www.planetadelibros.com.mx

Primera edición en formato epub: abril de 2025
ISBN: 978-607-39-2810-6

Primera edición impresa en México: abril de 2025
ISBN: 978-607-39-2676-8



Impreso en los talleres de Litográfica Ingramex, S.A. de C.V.
Centeno núm. 162-1, colonia Granjas Esmeralda, Ciudad de México
Impreso en México - *Printed and made in Mexico*

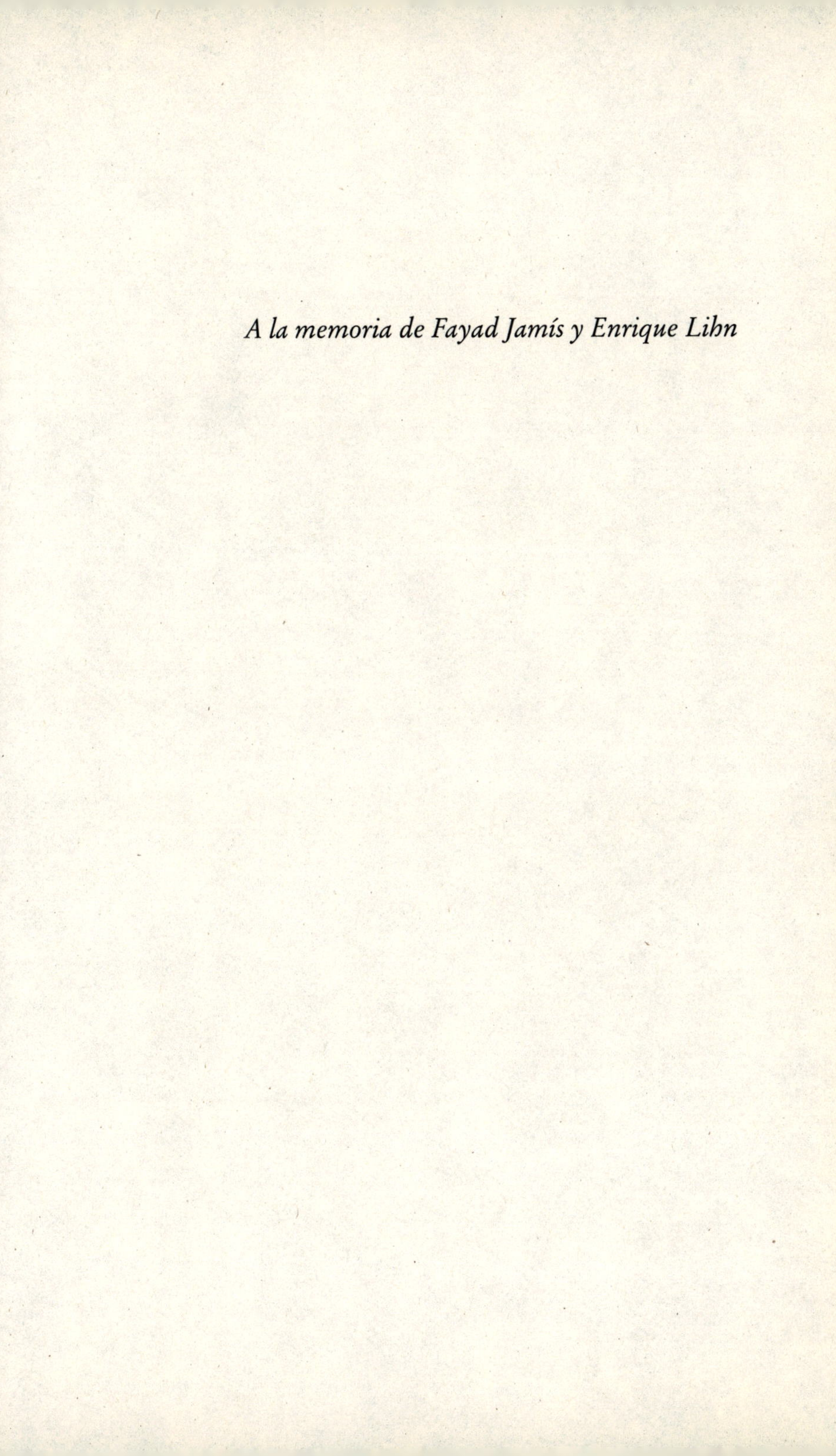

*A la memoria de Fayad Jamís y Enrique Lihn*

Vivimos todos en la ignorancia total,
en la ciudad de la memoria. Borrada.

ENRIQUE LIHN,
*París, situación irregular*

## CARACOL

*Homenaje a Ramón López Velarde*

### 1

Tú, como todos, eres lo que ocultas. Adentro
del palacio tornasolado, flor calcárea del mar
o ciudadela que en vano
tratamos de fingir con nuestro arte,
te escondes indefenso y abandonado,
artífice o gusano: caracol
para nosotros tus verdugos.

### 2

Ante el océano de las horas alzas
tu castillo de naipes,
vaso de la tormenta,
recinto de un murmullo nuevo y eterno,
huracán que el océano deslíe en arena.

3

Sin la coraza de lo que hiciste, el palacio real
nacido de tu genio de constructor,
eres tan pobre como yo,
como cualquiera de nosotros.
No tienes fuerza y puedes levantar
una estructura misteriosa insondable.
Nunca terminará de resonar al oído
lo que esconde y preserva tu laberinto.

4

En principio te pareces a los demás: la babosa,
el caracol de cementerio.
Eres frágil como ellos y como todos.
Tu fuerza reside
en el prodigio de tu concha,
evidente y recóndita manera
de estar aquí en este mundo.

5

Por ella te apreciamos y te acosamos. Tu cuerpo
no importa mucho y ya fue devorado.
Ahora queremos autopsiarte en ausencia,
hacerte mil preguntas sin respuesta.

6

Defendido del mundo en tu externo interior
que te revela y encubre,
eres el prisionero de tu mortaja,
expuesto como nadie a la rapiña.
Durará más que tú, provisional habitante,
tu obra mejor que el mármol,
tu *moral de la simetría*.

7

A vivir y a morir hemos venido.
Para eso estamos.
Nos iremos sin dejar huella.
El caracol es la excepción.
Qué milenaria paciencia
irguió su laberinto erizado,
la torre horizontal en que la sangre del tiempo
se adensa en su interior y petrifica el oleaje,
mares de azogue opaco en su perpetua fijeza.
Esplendor de tinieblas, lumbre inmóvil,
la superficie es su esqueleto y su entraña.

8

Ya nunca encontrarás la liberación:
habitas el palacio que secretaste.
Eres él. Sigues aquí por él.
Estás para siempre
envuelto en un perpetuo sudario:
tiene impresa la huella de tu cadáver.

9

Pobre de ti, abandonado, escarnecido, tan frágil
si te desgajan de tu interior que también es tu cuerpo,
la justificación de tu invisible tormento.
Cómo tiemblas de miedo a la intemperie
de los dominios en que eras rey
y las olas te veneraban.

10

Del habitante nada quedó en la playa sombría.
Su obra
vivirá un poco más
y al fin también se hará polvo.

11

Cuando se apague su eco
perdurará sólo el mar
que nace y muere desde el principio del tiempo.

12

Agua que vuelve al agua, arena en la arena,
la materia que te hizo único
pero también afín a nosotros,
jamás volverá a unirse.
Nunca habrá nadie
igual que tú,
semejante a ti,
hondo desconocido en tu soledad
pues, como todos,
eres lo que ocultas.

## 1. *Arroyo*

El arroyo de aguas clarísimas parte los bosques
en mitades de luz solar.
Se vuelven visibles
entre el silencio de las hojas.

Nada anuncia bajo el reposo trémulo que en su interior
el sol ha gestionado la combustión
de los colores otoñales. Así,
estas generaciones de las hojas
se despiden del mundo.

No hay belleza
como la de una hoja a punto de secarse
y caer al suelo
para que la tierra en donde sus restos van a ser vida
sea fecundada por la nieve.

## 2. *Escarcha*

Escarcha, tul o nieve de plata
en las ramas de filigrana: los árboles
que fueron y serán
—a diferencia de nosotros.

Es hora
de ponerse de pie y guardarse otro año
en el cuerpo que no da más.

Orden cruel y perfecto de este mundo:
la simetría
de los cristales,
petrificados en el bosque muerto,
la nieve que será nube, el desierto
del *ya me voy* en silencio.

## HAMLETIANA

Hondo es el aire que nos contiene y en él,
en alguna de sus cavernas,
debe de estar guardado cuanto dijimos.
Archivo infinito
de *words*, *words*, *words*,
el blablablá interminable,
aire tan sólo para que el aire lo borre.

## LA SAL

Si quieres analizar su ser, su función,
su utilidad en este mundo,
tienes que verla en su conjunto. La sal
no son los individuos que la componen
sino la tribu solidaria. Sin ella
cada partícula sería como un fragmento de nada,
disuelta en algún hoyo negro impensable.

La sal sale del mar. Es su espuma
petrificada.
Es mar que seca el Sol.
Y al final ya rendido,
ya despojado de su gran fuerza de agua,
muere en la playa y se hace piedra en la arena.

La sal es el desierto en donde hubo mar.
Agua y tierra
reconciliados,
la materia de nadie.

Por ella sabe el mundo a lo que sabe estar vivo.

## BOGOTÁ

Dura ciudad entre las dos montañas.
La niebla
hace más real lo que sucede aquí abajo.

## CÉSAR VALLEJO

Mala para mis huesos esta humedad
que penetra como un cilicio.

Aquí sucumbe de mal de mar el nativo
de tierra adentro, de ciudades altas,
secas o muertas.
México en el páramo
que fue bosque y laguna
y hoy es terror y quién sabe.

Por la ventana
entra el aire de Lima,
la humedad
como una forma de llanto.

En este viernes
15 de abril,
a medio siglo
de que murió Vallejo

—y uno habla y habla.

## GOTA DE LLUVIA

Una gota de lluvia tiembla en la enredadera.
Toda la noche está en esa humedad sombría.

De repente la luna la ilumina.

## PERRA VIDA

Despreciamos al perro por dejarse
domesticar y ser obediente.
Llenamos de rencor el sustantivo *perro*
para insultarnos. Y una muerte indigna
es *morir como un perro*.

Sin embargo los perros miran y oyen
lo que no vemos ni escuchamos.
A falta de lenguaje
(o eso creemos)
poseen un don que ciertamente nos falta.
Y sin duda piensan y saben.

En consecuencia,
resulta muy probable que nos desprecien
por nuestra necesidad de buscar amos
y nuestro voto de obediencia al más fuerte.

Devoro un poco más de realidad.
Y aquí estamos.
Llega noviembre y el pasado inmenso
hace ver el futuro que me falta
como una prenda de vestir encogida
por el gran ajetreo en la lavadora.

Un millón de partículas o instantes
pasaron como flechas por sus tejidos.
Desgaste.
Desgaste esos minutos o años o sobresaltos.
Aluvión de agua hirviendo
y *shock* del agua helada.

Está raído el traje que iba a ponerme mañana.
No sirve la camisa recién lavada.
Ya muestra las arrugas de su provisional habitante,
el aire más bien triste aunque meritorio
de quien se acaba por servir y entonces repara
en que no sirve ya su servidumbre,
su utilidad para encarnar el tiempo
que habrá de descarnarlo.

Un trapo viejo el cuerpo.
Si algo de él sobrevive
será en cajón de sastre como remiendo
de otros vestuarios.
O lo enviarán al molino
en que de trapos viejos, cartones sucios
se hace el papel en blanco.

## LOS VIGESÍMICOS*

### I

Porque en el siglo sexto alguien hizo sus cuentas
y llamó año primero
a la fecha impensable en que nació Cristo,
ahora para nosotros el terror del milenio,
los tormentos del fin de siglo.

Tristes de quienes saben
que caminan sin pausa hacia el abismo.
Tal vez hay esperanza
para la humanidad.
Para nosotros en cambio
no hay sino la certeza de que mañana
seremos condenados
—*el estúpido siglo veinte*,
*primitivos*, *salvajes vigesímicos*—
con el mismo fervor con que abolimos
a los *decimonónicos*, autores
—con sus ideas, sus actos e invenciones—
del siglo veinte, el siglo que no existe
sino en la imaginación de quienes miran
crecer la noche en este campo de sangre,
este planeta de alambradas, este
matadero sin fin que está muriendo
bajo el peso de todas sus victorias.

---

* El término fue acuñado por Francisco Montes de Oca.

2

*Red de agujeros* nuestra herencia a ustedes
los pasajeros del veintiuno. El barco
se hunde en la asfixia,
ya no hay bosques, brilla
el desierto en el mar de la codicia.

Llenamos de basura el mundo entero,
envenenamos todo el aire, hicimos
triunfar en el planeta la miseria.

Sobre todo matamos.
Nuestro siglo fue
el siglo de la muerte.
Cuánta muerte,
cuántos muertos en todos los países.
Cuánta sangre
la derramada en esta tierra.
Y todos
dijeron que mataban por el mañana:
el porvenir de azogue, la esperanza
que fluyó como arena entre los dedos.

Bajo el nombre
del Bien
el Mal se impuso.

Sin duda hubo otras cosas.
Para ustedes
queda el reconocerlas.

Por lo pronto
se acabó el siglo veinte.
Nos encierra
*como el ámbar prehistórico a la mosca*,
dice Milosz.
Pidamos con Neruda
*piedad para este siglo*
*y sus sobrevivientes.*

Porque al fin y al cabo
creó este presente el porvenir que choca
contra el pasado.

Fue un instante el siglo,
un segundo su fin.

Nos despedimos
para dormir en la prisión del ámbar.

[1987]

## CERTEZA

Si vuelvo alguna vez por el camino andado
no quiero hallar ni ruinas ni nostalgia.

Lo mejor es creer que pasó todo
como debía.
Y al final me queda
una sola certeza:
haber vivido.

## PAREJAS

Los insectos se acoplan sobre el agua
con una agilidad que Nijinsky hubiera envidiado.
Coreografía ensayada millones de años.

Se juntan sin hundirse, toman su fuerza
de la corriente y el abismo, logran
la pareja perfecta, el amor total.
Cumplen con creces lo esperado de ellos.

Tratamos de imitarlos y no es lo mismo.

## LA MAGIA DE LA CRÍTICA

Para mí y para muchos es lo mejor del mundo.
No cesaremos nunca de alabarlo.
Jamás terminará la gratitud
por su música incomparable.

En cambio para Strindberg todo Mozart
es «una cacofonía de gorjeos cursis.»

La variedad del gusto,
la magia de la crítica.

## LA CENIZA

La ceniza no pide excusas a nadie.
Se limita a fundirse en el no ser,
a dispersarse en concentrada grisura.

La ceniza es el humo que se deja tocar,
el fuego ya de luto por sí mismo.

Aire nuestro que se hizo llama y ahora
no volverá a encenderse.

## ÁNGULO DEL AJUSCO

De repente es azul este verdor pulido por la lluvia,
musgo en la piedra inmensa que cierra el paso
y protege
a la ciudad que sube a destruirlo.

Pero no lo hará nunca:
aunque tale los árboles,
nada podrá contra la roca viva
que es de una pieza y descendió completa
de otra era geológica, otra estrella,
un planeta hecho todo de montañas.

## EL JARDÍN EN LA ISLA

El jardín en la isla:
aquí las rosas,
no florecen: llamean.
Sostienen como nubes entre el verdor
la materia del aire.

¿Qué hemos hecho
para ser dignos de esta gloria?
Mañana
ya no habrá rosas
pero en la memoria
continuará su incendio.

## LLUVIA DE SOL

La muchacha desnuda toma el sol,
se vuelve su fuego.
Y a mediodía, bajo el rumor de las frondas,
se hace toda de luz la amarga Tierra.

## EL SAUCE

Se dobla el sauce sin quebrarse, toma
la forma impuesta por el viento que huye.

Música del adiós, tiempo flotante
a la velocidad de vida y muerte.

Resuenan en la hondura de la tarde
las desprendidas hojas sin retorno.

Amarga es la canción del árbol; mudo,
el otoño al hundirse en el crepúsculo.

## GRANIZADA

Se oscurece la hora.
La luz muere
y se arrojan feroces contra el mundo
avalanchas de piedra que no duran.

Se congela la lluvia inaprehensible.
Caen guijarros, esferas iracundas,
kamikazes de hielo contra todo.

Cometas de agua y nada:
en un instante
cuajan el tiempo y se deshacen.

Luego,
si algo hubo aquí,
ya todo ha terminado.

Escribo en la arena errante
la palabra del no volver.

La otra palabra que grabé en la piedra
se ha llenado de musgo. La intemperie
la recubrió de tiempo.
Y hoy ignoro
qué voy a hacer cuando por fin la lea.

## LOS CONDENADOS DE LA TIERRA

París. En el hotel para inmigrantes
descubro un raro insecto que jamás había visto.
No es una cucaracha ni es una pulga.
La aplasto y brota sangre, mi propia sangre.

Al fin me encuentro contigo,
oh chinche universal de la miseria,
enemiga del pobre, diminuto
horror de infierno en vida,
espejo de la usura.

Y pese a todo
te compadezco, hermana de sangre.
No escogiste ser chinche ni venir a inmolarte
entre los condenados de la tierra.

## PARA TI

Más que botella al mar o vuelo del vampiro,
simple papel que va hacia ti en la calle, el poema.
O lo levantas o lo dejas pasar.
Lo lees o lo arrojas a la basura.

*El viento sopla donde quiere.*
Lo lleva a ti o lo conduce a la nada.
Es un milagro que tus ojos se posen
en un papel de la calle.
Haz con él lo que quieras.

## ADIÓS A LAS ARMAS

Una tarde llegaron de una ciudad del norte,
o acaso era del centro.
No puedo precisarlo
entre tantas mentiras de los años, la ficción
que llamamos memoria y es olvido que inventa.

María Elvira, Ana, Amalia; nombres del tiempo,
hermanas casi idénticas,
las tres bellísimas,
las tres el sueño
erótico y romántico de quienes
no éramos siquiera adolescentes.

Altivas por hermosas, quizá tímidas
por ser recién llegadas, no nos miraron.
Luchamos por llamarles la atención:
acrobacias en bicicleta, escalamientos y equilibrios
en barandales y cornisas,
juegos de mano, juegos de pelota, peleas de box:
todo inútil.

Perdida la esperanza, Marco Vargas
obtuvo no sé cómo su amistad.
Y una noche la madre de las hermanas Armas
nos invitó a su casa.
Sándwiches de paté, Sidral Mundet,
dos horas conversando en plena sala.

Marco y yo
salimos como nunca enamorados de Ana,
María Elvira y Amalia.

Pero al día siguiente
las tres volvieron al lugar de origen:
su padre mató a alguien
o fue ascendido a un gran puesto.

Nunca más volvimos a verlas.
Aquella última noche fue el adiós a las Armas.

## DOMINGO

Luz de domingo. Quietud
bajo la luz amarilla.
Se hace de noche en los fresnos.
Baja del aire una paz
provisional que agradezco.

## DECIR ADIÓS

Acércate y al oído te diré adiós.
Gracias porque te conocí, porque acompañaste
un inmenso minuto de la existencia.
Todo se olvidará en poco tiempo.
Nunca hubo nada y lo que fue nada
tiene por tumba
el espacio infinito de la nada.
Pero no todo es nada,
siempre queda algo.
Quedarán unas horas, una ciudad,
el brillo cada vez más lejano de este maltiempo.

Acércate y al oído te diré adiós. Me voy
pero me llevo estas horas.

## BÉCQUER Y RILKE SE ENCUENTRAN EN SEVILLA*

Oscura golondrina, has regresado
—pero no a sus balcones.

Para nosotros, los más efímeros de todos,
una vez cada cosa.
Nada más. Nunca más.
Y nosotros también nunca de nuevo.

Hagamos lo que hagamos, siempre estaremos
en la actitud del que se marcha.

Así vivimos siempre: despidiéndonos.

---

* Gustavo Adolfo Bécquer, rima LIII (núm. 38 en *El libro de los gorriones*). Rainer Maria Rilke, *Elegías de Duino* VIII y IX.

## CERÁMICA DE COLIMA

La colección incluye algunas piezas
de las que ocultan los museos.
En varias de ellas hombre y mujer
forman un solo bloque enlazado.

No son estatuas funerarias sino tal vez
vasijas que contuvieron agua y saciaron la sed.
O son la pornotopia precolombina, el edén sexual
de los antiguos mexicanos. Sólo el placer
sin justificación reproductora.

Los amantes
llevan más de mil años en el abrazo.
Desde el punto de vista de la edad clásica
no son hermosos.
Pero ellos a su vez encontrarían
poco deseable la estatuaria griega.

Para las dos figuras de barro
sólo importa el placer,
su placer tan suyo.
Siguen ligados,
por los siglos amándose
en piedra que fue lodo original,
limo, magma,
principio y fin de toda vida en la tierra.

Cuando después de tanto amor se produzca al fin
el orgasmo que se inició cuando Batu Kan
amenazaba al mundo blanco que nos desprecia,
estallará el planeta.

Pero entretanto
ellos siguen gozando la libertad
de las bestias que se hacen dioses.

## LOS INDEFENSOS

Tú nunca has resistido operaciones
ni en cine ni en tv.
Y ahora serás montón de carne sangrante,
acaso un muerto más entre los muertos.

Qué humilde te ha tornado el poderío
de la anestesia al adentrarse en tu cuerpo.
En el segundo lúcido que precede a la sombra
entiendes
por qué hacemos el mal, por qué buscamos
la sensación de omnipotencia, fuente del odio.

Somos los indefensos que se hunden
en la noche que no pidieron.

Felicidad de estar aquí en esta playa
aún sin Hilton ni Sheraton.
Arena como al principio de la creación, victoria
de la existencia. Mira cómo salen
del cascarón las tortuguitas.

Observa cómo avanzan sobre la playa ardiente
hacia el mar que es la vida y nos dio la vida.
Prueba esta agua fresquísima del pozo.
No comeremos ni siquiera almejas
por no pensar en nada que recuerde la muerte.

Los paraísos duran un instante.

Llegan las aves, bajan en picada
y hacen vuelos rasantes y se elevan
con la presa en el pico: las tortugas
recién nacidas. Ya no son gaviotas:
es la Luftwaffe sobre Varsovia.

Con qué angustia se arrastran hacia la orilla,
víctimas sin más culpa que haber nacido.
Diez entre mil alcanzarán la orilla.
Las demás serán devoradas.

Que otros llamen a esto selección natural,
equilibrio de las especies.

Para mí es el horror del mundo.

## EL ENEMIGO

Allá entre cada una de mis acciones
encuentro siempre al enemigo: el Yo,
el fascista de adentro,
el dragón o el erizo cuya boca insaciable
sólo pronuncia verbos:
quiero, devoro, dame, quítate, reverénciame.

Para su inmensa desgracia
el monstruo no está solo:
habita una mazmorra o una gota de agua
en donde otros feroces devastan todo,
corrompen todo,
al son de sus propios himnos individuales:
quiero, devoro, dame, quítate, reverénciame.

Como no les dan gusto se erizan, luchan.
En lanzas y misiles se transforman sus púas.
Y luego inventan las mejores causas,
los nombres más sonoros, las coartadas perfectas.

Y por eso la bestia nunca se sacia
y en todas partes sigue la matanza.

## AVES DE PASO

El tiempo no pasó:
aquí está.
Pasamos nosotros.
Sólo nosotros somos el pasado.
Aves de paso que pasaron
y ahora,
poco a poco,
se mueren.

## CUCHILLO

Dejo a un lado el periódico o apago
el sombrío televisor.
Pero el cuchillo sigue aquí,
instrumento de las matanzas.
Tinto en sangre el siglo que acaba.

Somos
víctimas del verdugo,
verdugos de la víctima.
El mundo
toma la forma del cuchillo.
Morimos
con el siglo que se desangra.

## *LIVE BAIT*

I

¿Cuántos minutos faltan todavía
para que descomience lo empezado?

*Live bait*: letras de neón en la noche.
Rumor de arroyo y cascada.
Olor a comida.
Sólo este idioma
distingue cruel entre un *pez* y un *pescado*.

*Live bait*:
grandes campos de fango y entre el lodo
se multiplican las lombrices.
Cavan (y no lo saben) para airear la tierra.
Viven (y no lo saben) para servir de carnada.

Aquí venden lombrices por docena.
Jack Köning da un trago a su licor (mortal)
y fuma su tabaco (mortífero).

*Live bait*: las letras que se encienden y apagan,
ocultan y descubren nuestra efímera cara.

2

«Pago lo que me como y la pocilga en que vivo
recogiendo lombrices», dice Jack Köning.
«Mil por hora, hasta diez mil algunos días.
Pobres agusanadas color carne.
Mejor no hablar de lo que me recuerdan
cuando se agitan
en las bolsas que cubro
de aserrín para absorber lo viscoso
de mis amigas, mis servidoras, mis víctimas.
Soy como ellas: el patrón me deja
tan sólo diez centavos de la docena
que él vende a tres veinticinco.»

*Live bait*: carnada viviente.

Prosigue Jack: «Hay dos clases:
*Bloodworms,* que no valen mucho
por su abundancia, y *Nightcrawlers.*
la aristocracia en su género.»

(*Bloodworms*: gusanos de sangre.
*Nightcrawlers*: los que reptan de noche.)

3

El doctor Job y el doctor Freud
desde la tumba aplauden a este maestro de vida.
Köning resume
sus enseñanzas y experiencias
al llamarnos así: gusanos de sangre
que se afanan y reptan por la noche.

Y eso que las lombrices no hacen la guerra,
no hablan de amor
ni destruyen el mundo para ser ricas y fuertes.

Los peces no torturan.
No cobran nunca
intereses sus bancos.
Como son mudos
nunca aprendieron a mentir y engañar.

Y las lombrices no traicionan a nadie
ni se creen nada.
No se sabe que opriman a otras lombrices.

Clavados
en el anzuelo y también agitándonos,
todos nosotros esperamos, *live bait*,
que muerda el pez y moriremos unidos.

El enemigoaliado, verdugovíctima.
Qué solidaria es la derrota.
Qué mutualismo engendra la catástrofe.
Qué ocupación tan minuciosa
la del odiado en el odiante.

Alguien se beneficia con todo esto
y él a su vez será pescado por otro
—y tampoco lo sabe.

4

«Cavan el suelo en busca de frescura.
Sólo quieren vivir tranquilas.
Después de la lluvia
salen a respirar y encuentran mi lámpara
y la cubeta que lleva
a su prisión y exterminio
las lombrices incautas como las truchas.»

Incautas no nada más las lombrices y truchas.
Desde el punto de vista de otras galaxias
somos tal vez
peces en el mar de aire, el *maraire*; lombrices
que perforan la tierra, el planeta Tierra.

5

Nadie se burle de los primitivos
pues no se dejan retratar para que no les roben el alma.
Los primitivos de esta era juzgamos dioses
a los gigantes invisibles (destino, historia)
que se divierten pescándonos.

Yo (que soy tú si te engancharon mis líneas)
salgo de entre mi lodo o muerdo el anzuelo
que prometía placer o poder o consuelo o dicha
—o simplemente paz, olvido, nirvana—
y estoy aquí debatiéndome.

Cómo me han engañado. Qué tonto fui
al suponerme distinto
de mis hermanas las lombrices
o de mi hermano el pez (el odiante:
lo que respiro a él lo asfixia).

*Live bait*, *live bait*: todos hijos
de nuestra inmisericorde Madre la Vida
que se alimenta de Muerte.
O de la Madre Muerte que se alimenta de Vida.
Una de dos o las dos son la misma.

*Live bait* nosotros también,
los encarnados para ser carnada,
lombrices pensantes
a quienes programaron con lenguaje y conciencia
para reflexionar en su desdicha.

Y a pesar de todo esto aún creo en ti,
enigma de lo que existe:
horrible, absurda, gloriosa vida
que no cambiamos (ni en el anzuelo) por nada.

# ÍNDICE